# ES HEIẞT Freundschaft, weil man mit Freunden ALLES SCHAFFT.

D1923497

GROH

Ein Freund
IST EIN MENSCH,
DER DEINE WELT
**ZU ETWAS**
**BESONDEREM**
MACHT. EINFACH,
weil es
ihn gibt.

LIEB
LINGS
mensch.

*You are*

**THE GIN TO MY TONIC!**

ECHTE *Freunde*
SIND NICHT DIE,
MIT DENEN
ALLES TOLL
IST, SONDERN DIE,
OHNE DIE
ALLES BLÖD
IST.

MAN KANN
FAST ÜBER
ALLES
LACHEN.

*Nur nicht*
*mit jedem.*

*Friendship isn't a big thing.*

**IT'S A MILLION LITTLE THINGS.**

*Es ist besser,*

**MIT DEN RICHTIGEN LEUTEN**

*durch den Regen zu laufen,*

**ALS MIT DEN FALSCHEN IN DER SONNE ZU LIEGEN.**

Perfekt ist
das Leben nie.
Aber es gibt
Menschen, die es
perfekt machen.

I'm much
more me,
*when I'm*
*with you.*

Freunde SIND DIE FAMILIE, DIE MAN SICH selbst aussucht.

Du fühlst dich

**NACH ZUHAUSE AN.**

Es heißt
Freundschaft,
weil man mit
Freunden
alles schafft.

Gute Freunde
KENNEN ALL DEINE
GESCHICHTEN.
BESTE
FREUNDE
HABEN SIE
MIT DIR
ERLEBT.

Stay close

TO PEOPLE

WHO MAKE

YOU

smile.

Lass mal werden,

WER WIR SEIN WOLLEN.

Echte Freunde
MÜSSEN NICHT JEDE
ENTSCHEIDUNG
VERSTEHEN.
ES REICHT, WENN
SIE ZU DIR
HALTEN.

DU HAST

*Zauberkräfte:*

DIE GUTEN ZEITEN

MACHST DU

**NOCH BESSER**

UND DIE SCHLECHTEN

*erträglicher.*

EIN *Freund* IST JEMAND, DER **DICH MAG,** OBWOHL ER **DICH KENNT.**

Lass uns zusammen

fliegen!

(Zur Not auch auf die Schnauze.)

Hauptsache

zusammen.

ES GIBT
*Freunde*
*im Leben*
UND ES GIBT
*Freunde*
FÜRS LEBEN.

WAHRE *Freunde*
LEGEN SICH ZU
DIR, WENN DU AM
BODEN BIST,
**UND SAGEN:**
„WAS FÜR EINE
BLÖDE AUSSICHT.
**LASS UNS WIEDER**
**AUFSTEHEN.“**

Dream

TEAM.

Good friends don't let you do stupid things *alone.*

Ich wäre
DANN JETZT
BEREIT,
ABGEHOLT UND
mit dir ans Meer
GEBRACHT ZU
WERDEN.

WAS *wirklich zählt,*
SIND DIE
AUGENBLICKE
MIT UNSEREN
LIEBLINGS-
MENSCHEN.

Echte Freunde
SAGEN NICHT
IMMER NUR DAS,
WAS DU HÖREN
WILLST,
SONDERN DAS,
was du
hören musst.

MAKING
*memories*
WITH YOU
IS MY
*favourite thing*
TO DO.

# DU UND ICH.

Das läuft einfach.

Das Leben
ist ein Abenteuer.
Lass es uns
*gemeinsam*
*erleben.*

Du bist mein

HELD DES ALLTAGS.

Wir sind wie Geschwister.

Vergiss

die Gene!

ES GIBT *Menschen*,
DIE VERSTEHEN DICH
SELBST NACH
TAUSEND WORTEN
NICHT.
UND ES GIBT WELCHE,
DIE SCHAFFEN DAS
OHNE WORTE.

DU STREUST
KONFETTI
in mein
Leben!

You and I

are more
than friends.
We're like a really
small gang.

*Weißt du eigentlich, wie*

**WICHTIG DU MIR BIST?**

ES IST *schön*,
JEMANDEN ZU
KENNEN, MIT DEM
MAN VOR
**LAUTER SPAß**
DEN ERNST
DES LEBENS
**VERGESSEN**
**KANN.**

Wenn du

WEIßT, WER HINTER DIR STEHT,

IST ES VÖLLIG EGAL, WER VOR DIR STEHT.

Ich würde
DICH AUCH
UMARMEN,
WENN DU EIN
KAKTUS
WÄRST UND
ich ein
Luftballon.

EIN GUTER

*Freund* KANN

DEN REGEN

NICHT AUFHALTEN,

ABER ER KANN

MIT DIR

*darin tanzen.*

*Life was meant for*

**GOOD FRIENDS & ADVENTURES.**

Falsche Freunde glauben Gerüchten.

**Echte Freunde**

glauben an dich.

WENN DU EINEN *Menschen* FINDEST, DER GENAU SO VERRÜCKT IST WIE DU,

LASS IHN NIEMALS GEHEN.

FREUNDSCHAFT
MUSS NICHT
PERFEKT SEIN.

*Sondern echt.*

VIELLEICHT
GEHT ES NICHT UM
*das Happyend,*
SONDERN UM DIE
GROßARTIGEN
MENSCHEN,
DENEN DU
BEGEGNEST.

FSC www.fsc.org
MIX
From responsible sources
FSC® C043979

1000 DANK

GLÜCK

ZEIT für UNS

Wärme & Zusammenhalt

KRAFT

FREUNDSCHAFT

SPASS

MOTIVATION

KLEINE FREUDEN

MUT

Einen guten Tag

SCHENKEN

Freundschaft macht das Leben bunter. Denn ein Mensch, der durch Höhen und Tiefen an unserer Seite ist, mit uns lacht und weint, uns anfeuert und bremst, ist einfach unersetzlich. Und manchmal muss man diesem Menschen einfach „Danke“ sagen. Danke, dass du da bist, wenn ich dich brauche. Danke, dass es dich gibt. Die Freundschaft lieferst du – und wir suchen die richtigen Worte, um diese Freundschaft zu würdigen.

Ihr Groh Team

Dieser Aufsteller entstand in enger Zusammenarbeit mit meiner Kollegin Monika Griebl. Vielen Dank an alle Beteiligten sowie ein großer Dank an S. für so viele Jahre echter Freundschaft, an D. – dafür, dass ich mit dir Schaukelpferde stehlen kann und Nähe keine Frage der Entfernung ist, an L. für jede Menge guter Gedanken und an all die anderen großartigen Herzensmenschen.

Marlen Kleinhans



Bildnachweis: Goldhintergrund Sternchen: iStock.com/letoosen.

Layout: Büro Hochweiss | Heike Baumgärtner
Satz: textum GmbH, Feldafing

Es heißt Freundschaft, weil man mit Freunden alles schafft.
ISBN 978-3-8485-2101-2


4 5 6 7